Examen des urines

Instruction pour l'emploi du Nécessaire
Urologique

du

Docteur Léon Deschamps

de la Faculté de Paris

Inspecteur Honoraire des Ecoles de la Ville de Paris
Officier de l'Instruction Publique

Paris

Bong & Cie, Editeurs

8 Rue des Sts. Pères

Examen des urines

—

Instruction pour l'emploie du Nécessaire
Urologique

du

Docteur Léon Deschamps

de la Faculté de Paris
Inspecteur Honoraire des Ecoles de la Ville de Paris
Officier de l'Instruction Publique

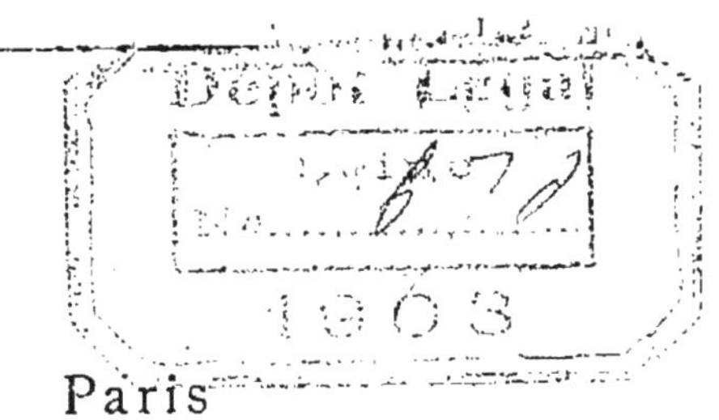

Paris

Bong & Cie, Editeurs
8 Rue des Sts. Pères

La vulgarisation de la médecine, que réalise au suprême degré, le **livre d'or de la Santé,** comportait également celle des moyens de reconnaître de bonne heure la maladie, ou, tout au moins, les symptomes qui l'annoncent et la préparent. Combien de personnes, en effet, paraissent jouir d'une santé relativement bonne, qui sont en imminence d'une affection à marche insidieuse, telle que le diabète, la goutte ou l'albuminurie, affections qui pourraient être facilement conjurées, si on était prévenu en temps utile de leur existence; si nous sommes désarmés, ou à peu près, contre les maladies aigües, à éclosion brusque et à évolution rapide, il n'en est pas de même des maladies chroniques, qui résultent, le plus souvent, d'écarts de régime, de vices alimentaires, ou d'une mauvaise hygiéne. Ces dernières sont, pour une bonne part, notre oeuvre propre et le tribut que nous payons pour nos infractions aux lois de la nature.

La **médecine naturelle,** bien comprise et strictement appliquée, nous donne les moyens de guérir ces maladies chroniques et même de les éviter, mais **l'examen rationnel et fréquent des urines** permet d'en découvrir les germes et d'en surveiller les progrès. De même donc que l'éclaireur avisé sonde les moindres replis du terrain pour découvrir l'ennemi, de même l'examen de l'urine décèle la maladie à son début, déjoue sa marche insidieuse et enregistre ses progrès, si lents et si minimes qu'ils soient. C'est le véritable thermomètre de la santé, thermomètre des plus sensibles et des plus faciles à consulter, ainsi que nous allons le voir.

I.

Par **examen de l'urine,** nous n'entendons pas, cela va sans dire, l'analyse chimique complète et détaillée, qui ne peut se faire que dans certains laboratoires spéciaux et par des chimistes exercés. Cette analyse, toujours utile et parfois même indispensable, est fort coûteuse et n'a sa raison d'être que dans quelques circonstances particulières, lorsque, par exemple, le médecin désire suivre la marche d'une affection grave ou qu'un point obscur subsiste dans son diagnostic.

Par contre, **l'examen sommaire** de l'urine, que nous conseillons ici, est à la portée de tout le monde et n'exige aucune connaissance spéciale, au moins pour ce qui regarde la simple constatation de quelques éléments pathologiques déterminés. Le nécessaire urologique, que nous avons fait établir dans ce but, d'après les données les plus précises de la science moderne, permet à n'importe qui de faire lui-même cet examen et de s'assurer si son urine remplit, au moins, les conditions essentielles d'une urine saine et normale.

Ces conditions peuvent se résumer sous trois chefs principaux, qui comprennent:

1⁰ **la recherche de l'acidité;**
2⁰ **la recherche de l'albumine;**
3⁰ **la recherche du sucre.**

Examinons la signification propre à chacune d'elles.

II.

L'urine est normalement **acide,** c'est à dire, qu'au sortir de la vessie, elle doit rougir le papier bleu de tournesol.

Les causes de l'acidité urinaire ont été longtemps discutées, et le sont encore. La seule chose qui nous intéresse ici, est de savoir que, dans l'état de santé, l'urine:

1⁰ doit être acide; et que,

2⁰ elle ne doit pas être trop acide.

L'urine doit être **acide,** parce qu'elle est l'émonctoire naturel de substances acides, dont l'élimination ne saurait être impunément entravée. Voilà le principe.

On dit qu'une urine est alcaline, lorsqu'elle bleuit le papier rouge de tournesol. Deux cas peuvent se présenter:

1⁰ L'urine est alcaline, au moment même où elle sort de la vessie. Pour constater cette réaction anormale, il conviendra d'opérer sur **l'urine du matin,** car il arrive fréquemment que, dans le courant de la journée, l'urine soit passagèrement alcaline, même lors de l'émission.

Il faudra, de plus, s'assurer qu'on n'a point fait usage d'eaux minérales alcalines (Vichy, Vals etc.) ou qu'on n'a point absorbé de sels alcalins, comme par exemple, le sél de Vichy ou le bicarbonate de Soude.

Ces causes d'erreur écartées, et il est on ne peut plus facile de le faire, si l'urine a une réaction nettement alcaline, et surtout si elle l'a d'une façon habituelle, on se trouvera en présence d'une affection vésicale probable et il faudra, sans tarder, en référer à son médecin.

Les urines de cette nature abandonnent, d'ordinaire, au fond du vase une poussière blanchâtre qui n'est autre chose qu'un dépôt de phosphates, souvent mélangé de pus. Le malade ne devra nullement s'effrayer de ce dépot, qui est uniquement dû à la réaction de l'urine. Toutefois, il ne faudra pas non plus négliger cette indication, car, si elle se prolongeait outre-mesure, ou courrait le risque d'une gravelle phosphatique, en même temps qu'on verrait s'aggraver les accidents imputables à l'inflammation de la vessie. Toutes les causes qui amènent le séjour trop prolongé de l'urine dans la vessie, telles que les retrécissements du canal, provoquent, à la longue, cette putréfaction intra-vésicale de l'urine et déterminent son alcalinité.

Le second cas, que nous avons à signaler, est celui où l'urine, tout en étant acide à l'émission, perd rapidement cette acidité pour devenir alcaline dans le vase. Lorsqu'on chauffe ces urines dans un tube de verre, la partie chauffée se trouble et prend un aspect laiteux, sur lequel nous reviendrons plus loin. En tous cas, ces urines ne sont pas, à proprement parler, des urines anormales; elles sont seulement un peu moins acides qu'il ne faudrait et peuvent faire songer à une légère inflammation de la vessie, surtout si elles renferment quelques traces minimes d'albumine.

2⁰ L'urine ne doit pas être **trop acide.** Ce cas se produit sous l'action de diverses causes. D'une façon générale, l'acidité de l'urine est en raison inverse de son volume, ce qui veut dire que moins ce volume est considérable, plus l'urine est acide. C'est ce qui explique qu'en été, toutes choses égales d'ailleurs, l'urine est plus acide qu'en hiver; de même, après un travail prolongé suivi de transpiration l'urine sera plus acide.

La conséquence de cette augmentation de l'acidité est la précipitation, dans l'urine, de l'acide urique, sous forme d'urates acides insolubles. Ces urines sont troubles, rougeâtres et comme boueuses; on les désigne vulgairement sous le nom **d'urines jumenteuses.** En hiver, le froid provoque aussi cette précipitation d'urates. Ces urines s'éclaircissent sous l'action d'une chaleur modérée et il n'y a pas lieu de s'en préoccuper autrement.

Ajoutons cependant que ces sortes d'urines se montrent encore dans le cas de fièvre, parceque la fièvre, à cause précisément de la transpiration qu'elle occasionne, a pour effet de diminuer le volume de l'urine et d'augmenter son acidité, du fait seul de cette concentration du liquide.

D'autres causes enfin contribuent à rendre les urines trop acides et celles-ci sont d'ordre purement pathologique. Ce sont, en première ligne, les causes qui augmentent la production des acides dans l'organisme ou qui mettent obstacle à leur expulsion au dehors. A cette catégorie appartiennent les causes générales du ralentissement de la nutrition ou de ce qu'ou appelle les dyscrasies acides; les maladies qui en dérivent sont: l'obésité, le diabète, la gravelle, la goutte, le rhumatisme etc.

On comprend qu'une urine habituellement trop acide puisse donner lieu à de très sérieux accidents et provoquer, à un moment donné, de graves désordres. L'acide urique, en effet, et les urates, se précipitent dans les tissus, plus spécialement dans les articulations, et y causent les douleurs articulaires de la goutte et du rhumatisme; si, même, pour une cause quelconque, cette accumulation d'acide urique se localise dans le rein ou la vessie, on aura la **gravelle urique** et tout son cortège d'accidents plus ou moins graves.

Il y a donc un intérêt de premier ordre à constater de bonne heure cette tendance vicieuse de l'organisme à fabriquer de l'acide urique en excès ou à mettre obstacle à son élimination, d'autant qu'il est assez facile d'y remédier et que la **médecine naturelle** suffit à elle seule à tout remettre en ordre et que ses moyens d'action sont, dans l'espèce, absolument souverains.

Nous dirons, plus loin, comment on peut constater facilement cet excès d'acidité dans l'urine, en observant toutefois qu'il doit avoir le caractère de **constance,** qui caractérise le vice nutritif inné ou acquis et qu'il ne doit pas être imputable aux causes accidentelles que nous avons énumérées plus haut.

III.

La présence de **l'albumine** dans l'urine est toujours un fait anormal et d'ordre pathologique; il s'en faut de beaucoup toutefois qu'elle constitue nécessairement un symptôme grave, voire même alarmant. On ne saurait trop insister sur ce point et faire comprendre aux malades qu'ils n'ont pas à s'effrayer, parceque des traces d'albumine existent dans leur urine; s'il est essentiel d'en être prévenu, il ne l'est pas moins de savoir qu'on peut y porter remède et que tout dépend de la nature et de la cause de cette albuminurie.

L'albumine, dans l'urine, peut venir de deux sources principales: ou du sang lui-même, qui en renferme une très forte proportion, ou d'un foyer purulent localisé, soit dans le rein, soit dans la vessie et ses annexes.

Le passage dans l'urine de l'albumine du sang constitue toujours un symptôme sérieux, sinon grave. Il peut être dû à des troubles de la circulation, comme il arrive, par exemple, dans certaines affections du cœur; ou encore, à une congestion, et à plus] forte raison, à une lésion du filtre rénal.

Dans le premier cas, on constate souvent de l'enflûre aux extrémités et l'albumine est généralement peu abondante; dans le second, l'urine renferme des éléments figurés du rein, que révèle l'examen microscopique du dépôt. Le volume de l'urine peut être augmenté, mais quelquefois aussi diminué, en sorte que ce signe ne suffit pas à lui seul pour permettre de conclure à l'existence d'une lésion rénale. Les douleurs localisées à la région lombaire mettront le malade en éveil; la plus élémentaire prudence lui fera alors un devoir de consulter un médecin et de se soumettre à un régime approprié.

C'est précisément dans ces cas de maladies de cœur ou de lésions rénales que l'examen précoce de l'urine rend les plus grands services. Il ne faut pas oublier, en effet, que, le plus souvent, ces maladies sont à évolution lente et n'envahissent pas brutalement l'organisme, comme le ferait une affection aigüe. On comprend dès lors l'intérêt qu'il y a à savoir de bonne heure que l'ennemi est là qui guette sa proie et à démasquer ses embûches; c'est bien, ou jamais, le cas de dire **qu'un bon averti en vaut deux.**

Ces urines albumineuses sont généralement limpides, peu colorées et à reflets verdâtres; elles ont une mousse épaisse et abondante qui persiste longtemps et ne donnent lieu qu'à de faibles dépôts.

Au contraire, les urines albumineuses par suite de la présence du pus, sont plus ou moins troubles, de couleur plus foncée et ont un abondant dépot, qui prend parfois un aspect gluant et une consistance filante; elles ont, en outre, une forte odeur et subissent très rapidement la putréfaction ammoniacale.

Il faut savoir que les éléments du pus, qui entraînent avec eux la présence d'une petite quantité d'albumine, viennent le plus souvent des voies urinaires et principalement de la vessie. Chez les hommes d'un certain âge, en effet, il est bien rare que la vessie soit absolûment indemne et qu'il n'existe pas, au moins, une légère inflammation de cet organe. Ajoutons que, faute de soin, cette inflammation benigne est susceptible de s'étendre et de provoquer, du côté des reins, de véritables désordres. C'est donc un cas encore où l'examen précoce de l'urine est des plus importants.

On comprend qu'il est bien difficile, pour ne pas dire impossible, de savoir, par un examen aussi sommaire, si l'albumine vient du rein ou seulement de la vessie. Cependant, si les envies d'uriner sont fréquentes, principalement la nuit, si l'urine contient de minces filaments blanchâtres, on aura quelque raison de songer à une affection vésicale. En tout état de cause, et par mesure de prudence, il sera préférable d'en référer au médecin.

La recherche de l'albumine dans l'urine offre encore un intérêt de premier ordre dans la grossesse. Cette recherche s'impose dès les premiers mois, surtout en cas de perte d'appétit et de vomissements répétés. A ce moment, en effet, le passage de l'albumine dans l'urine constitue un fait pathologique toujours sérieux, et parfois grave; on peut, sans doute, y porter remède; mais encore faut-il en connaître l'existence à temps et avant que la maladie ne se soit aggravée. Nous conseillons donc de procéder à la recherche de l'albumine chez les femmes enceintes, au moins une fois par mois, et cela pendant toute la durée de la gestation.

Toutefois, on observera que si l'albuminurie gravidique est sérieuse et rare, au début de la grossesse, elle est, au contraire, bénigne et fréquente vers la fin. Elle est, en effet, à cette période, d'origine purement mécanique et résulte de la compression exercée par la matrice sur le système veineux. Il n'y aura donc lieu de s'en préoccuper qu'au cas, exceptionnel d'ailleurs, où la proportion d'albumine constatée serait quelque peu considérable.

Enfin, l'albuminurie est également de règle à la suite de la plupart des fièvres éruptives, telles que la rougeole, la scarlatine etc. etc. Elle constitue alors un symptome des plus importants, moins par sa gravité propre, que par les accidents qu'elle peut provoquer du côté du rein. Là encore, il faudra pratiquer souvent la recherche de l'albumine dans l'urine, suivre en quelque sorte, jour par jour, les progrès de sa disparition et ne conclure à une guérison complète et définitive que lorsque toute trace d'albumine, même minime, aura enfin disparu.

Il n'en va pas de même des albuminuries transitoires qui se montrent dans la plupart des maladies aigües et en particulier, dans les maladies du foie. L'urine est alors fortement colorée, parfois jaune rouge ou rouge acajou; elle est très acide et renferme toujours de l'albumine, qui disparait d'ailleurs facilement sous l'influence d'un traitement approprié.

On voit donc qu'il n'y a pas lieu de s'alarmer outre mesure de la présence d'une minime proportion d'àlbumine dans l'urine; en fait, à partir de cinquante ans environ, on peut affirmer que l'albumine se constate, au moins à l'état de traces infinitésimales, dans $80^0/_0$ des urines examinées.

IV.

La présence du **sucre,** dans l'urine, est, comme celle de l'albumine, des plus faciles à constater. Toutefois il importe de savoir l'interpréter et de ne pas conclure, de ce seul fait qu'il y a du sucre dans l'urine, à l'existence du **diabète sucré**.

Le sucre passe dans l'urine sous l'influence de diverses causes, dont la principale est un trouble fonctionnel du foie, trouble très fréquent chez les arthritiques. Dans ce cas, le volume de l'urine n'est généralement pas augmenté; l'urine est fortement colorée et ne renferme le plus souvent que des traces de sucre ou des quantités minimes, et encore d'une façon intermittente. Cette glycosurie passagère n'a rien de commun avec le diabète sucré véritable, bien qu'elle en soit d'ordinaire l'avant-coureur et qu'elle constitue à elle seule un symptôme qu'il importe de ne pas négliger.

Les caractères de l'urine franchement diabétique sont tout autres et des plus faciles à reconnaître. En premier lieu, il convient de noter l'augmentation, plus ou moins considérable, du volume de l'urine, qui monte parfois à quatre ou cinq litres par 24 heures ou même davantage; l'urine est généralement limpide et peu colorée; elle poisse aux doigts comme de l'eau sucrée et a une densité très élevée. C'est surtout dans ces urines que la constatation du sucre est nette et ne donne prise à aucune erreur.

Le diabétique devra examiner souvent son urine pour voir si le sucre augmente ou diminue, ce qu'il pourra apprécier lui même, dans une certaine mesure, suivant la **rapidité** et **l'intensité** de la réduction. Il sera bon également d'observer les variations journalières de l'émission urinaire, celle-ci étant liée le plus souvent à la quantité du sucre.

Si le malade ne maigrit pas, s'il conserve ses forces et son appétit, il n'y aura pas lieu de s'inquiéter outre mesure de la présence d'une quantité, même notable, de sucre. Mais

il n' en est pas de même dans la forme de diabète qu'on dè-
signe sous le nom de **diabète maigre,** qui s'accompagne
toujours de dépérissement et de cachexie. Les urines de ce
genre de diabète sont plus abondantes encore que dans le
diabète gras, dont nous venons de parler, moins colorées,
souvent à peine teintées de jaune; de plus, ce qui est tout à
fait caractéristique, la quantité journalière de sucre ne diminue pas sensiblement, quelque soit le régime alimentaire
institué.

Il peut y avoir aussi une augmentation considérable du
volume de l'urine sans qu'on y constate la moindre trace
de sucre. C'est ce qu'on appelle le **diabète insipide** ou
diabète **nerveux.**

Enfin, il n'est pas rare que les urines sucrées renferment
en même temps des traces d'albumine. Dans ce cas, c'est
moins l'albuminurie que la glycosurie qu'il importe de com-
battre et le médecin devra toujours être appelé à donner
son avis..

V.

Il ne nous reste plus maintenant qu' à indiquer la façon
de procéder aux recherches que nous venons d'énumérer.
Nous répétons qu'avec notre nécessaire urologique ces
recherches sont on ne peut plus faciles et que chacun peut
les faire chez soi, sans autres précautions que celles que
nous allons décrire.

Le nécessaire urologique comprend:

1⁰ quatre tubes à essai;
2⁰ un petit entonnoir;
3⁰ une lampe à esprit de vin;
4⁰ du papier à filtrer;
5⁰ du papier de tournesol bleu;
6⁰ du papier de tournesol rouge;
7⁰ un tube réactif acide no. 1;
8⁰ un tube réactif albumine no. 2;
9⁰ un tube réactif sucre A no. 3;
10⁰ un tube réactif sucre B no. 4.

Voici la manière de se servir de ces différents objets et de ces réactifs.

I. Avant toute opération, on commencera par filtrer un peu d'urine dans un flacon quelconque bien nettoyé, de façon que l'urine soit **absolument limpide.** Si l'on éprouvait quelque difficulté à obtenir cette limpidité, il faudrait faire repasser à plusieurs reprises la même urine sur le filtre.

Il arrive parfois que l'urine est comme boueuse et couleur de brique pilée; en la chauffant très légèrement avant de la filtrer, elle devient immédiatement claire.

·II. **Recherche de l'acidité.** Lorsque l'urine est bien limpide, on y plonge l'extrémité d'un morceau de papier de **tournesol bleu.** Si l'urine est acide, ce qui doit être et ce qui est le cas le plus fréquent, le papier bleu prendra une teinte rouge.

Cette couleur rouge sera d'autant plus accentuée que l'urine sera plus acide. En cas d'acidité exagérée, le papier bleu prendrait une teinte **rouge vif.**

Si le papier bleu de tournesol, plongé dans l'urine, ne devient pas rouge, c'est signe que l'urine n'est pas acide. En y plongeant un morceau de papier **rouge,** il deviendra **bleu,** si l'urine est **alcaline.**

C'est alors que se pose le problême de savoir si cette alcalinité existe au moment de l'émission de l'urine, ou si elle se produit seulement quelque temps après. Un essai fait sur l'urine à sa sortie du canal de l'urèthre renseignera à cet égard et si l'alcalinité existe dans la vessie, on devra en prévenir le médecin. Ces urines donnent toujours lieu à un dépôt blanchâtre.

III. **Recherche de l'acide urique en excès.** Lorsqu'on aura constaté, comme nous l'avons indiqué plus haut, qu'une urine rougissait fortement le papier bleu de tournesol, on fera bien de rechercher si l'acide urique y est en excès.

Pour cela, on remplit aux deux tiers avec de l'urine filtrée un tube à essai et l'on y projette **une** pastille du réactif no. 1, étiqueté:

Réactif acide no. 1.

Si au bout d'une minute environ, après la dissolution de la pastille, on ne constate aucun précipité, c'est qu'il n' y a ni acide urique, ni urates en excès et l'on peut de suite passer à la recherche de l'albumine.

IV **Recherche de l'albumine.** Cette recherche étant de la plus haute importance, nous indiquons deux procédés qui se complètent et se vérifient l'un par l'autre.

a **recherche par la chaleur acide**. Après avoir rempli un tube à essai aux deux-tiers avec de l'urine limpide, on chauffe le **tiers supérieur** de l'urine sur la lampe à esprit de vin, en ayant soin d'incliner légèrement le tube pour que la flamme n'atteigne pas la partie inférieure. Deux cas peuvent alors se présenter:

1⁰ il ne se produit aucun louche appréciable à l'œil dans la portion chauffée: **absence d'albumine.**

2⁰ il se produit, au contraire, un trouble manifeste; celui-ci peut être dû soit à de l'albumine, soit à des phosphates.

Pour le vérifier, on projettera dans le tube une pastille du réactif acide no. 1, en ayant soin qu'elle se dissolve dans la partie du tube où le trouble existe. Si ce trouble disparait et que l'urine redevienne limpide, on sera en présence de phosphates.

Si, au contraire, le trouble ne disparait pas et va même en s'accentuant sous l'action de l'acide, on concluera à la présence de l'albumine ce que confirmera l'essai suivant.

b **Recherche par le réactif no. 2.** Comme il est dit précèdemment, on remplira un tube à essai aux deux tiers avec de l'urine filtrée, puis on y fera dissoudre **sans chauffer** une pastille du réactif acide no. 1.

Cela fait, on introduira dans le même tube une pastille du réactif spécial à l'albumine, étiqueté:

Réactif albumine no. 2.

On fera en sorte, en inclinant un peu le tube à essai, que la pastille n'aille pas au fond tout de suite, mais reste quelques instants à la partie supérieure de l'urine. En cas de présence d'albumine, même de **traces faibles,** il se formera dans cette partie de l'urine un trouble ou louche plus ou moins considérable, suivant la proportion de l'albumine; si cette proportion était un peu forte, on obtiendrait un précipité grumeleux qui gagnerait rapidement le fond du tube.

Ces deux essais, mais surtout le dernier, sont absolument probants et ne peuvent donner lieu à aucune erreur.

V **Recherche du sucre.** Pour rechercher le sucre dans l'urine, on opérera de la façon suivante.

On remplira **un quart** seulement du tube à essai avec l'urine filtrée et l'on y fera dissoudre une pastille du réactif no. 3, étiqueté:

Réactif sucre A.

Lorsque cette pastille sera fondue, il pourra se faire que la partie inférieure de l'urine prenne une teinte **brune foncée ;** c'est une présomption de la présence du sucre.

Pour la vérifier, on ajoutera à l'urine une pastille bleue du réactif no. II, étiqueté:

Réactif sucre B.

On chauffera alors l'urine sur la lampe à esprit de vin et dans le cas où elle renfermerait du sucre, on obtiendrait un dépôt rouge brique qui est caractéristique du sucre urinaire.

Si toutefois, au lieu de ce précipité, on n'obtenait qu'une coloration **verdâtre,** il faudrait opérer **à froid,** et laisser eposer l'urine environ douze heures; si, après ce laps de temps, il n'y avait aucun dépôt rouge au fond du tube, on concluerait, **avec certitude cette fois,** à l'absence du sucre.

On voit, en somme, que toutes ces recherches sont d'une exécution on ne peut plus facile et demandent pour être faites moins de temps qu'il n'en faut pour les décrire.

Docteur Léon Deschamps

de la Faculté de Paris
Officier de l'Instruction Publique
Inspecteur Honoraire des Ecoles de la Ville de Paris.

**(Le Thermomètre à maxima
et son emploi voir Livre d'Or
de la Santé Page 518 Tome I.)**

HENRI CLOUZOT

ANCIEN THÉÂTRE
EN POITOU

NOUVEAUX DOCUMENTS

VANNES

IMPRIMERIE LAFOLYE FRÈRES

1912

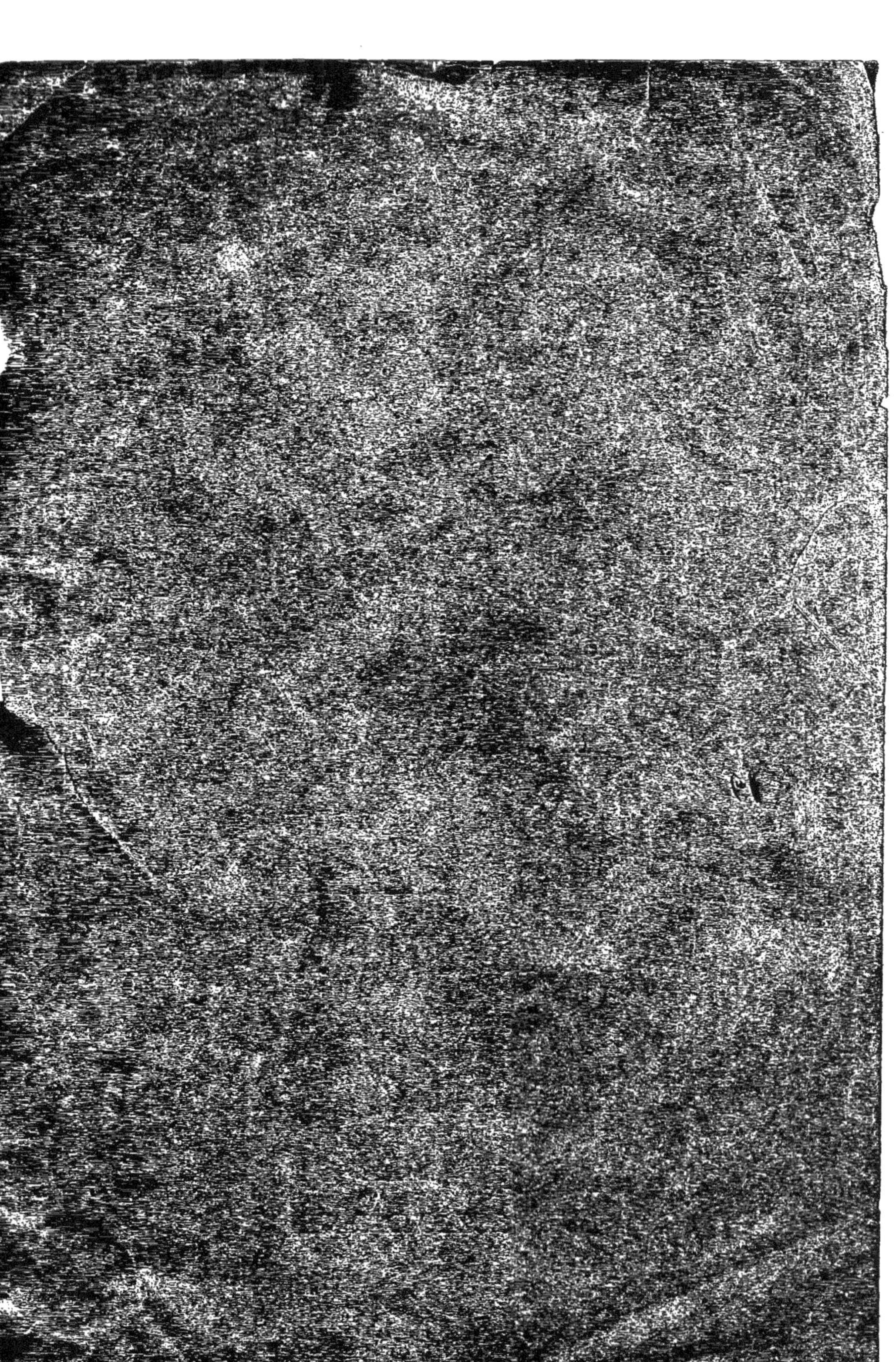

HENRI CLOUZOT

ANCIEN THÉATRE

EN POITOU

NOUVEAUX DOCUMENTS

VANNES

IMPRIMERIE LAFOLYE FRÈRES

—

1912

ANCIEN THÉATRE
EN POITOU

NOUVEAUX DOCUMENTS

Drame liturgique. — Mystères. — Basoche. — Joueurs de moralités — Joueurs d'instruments

On est loin d'avoir tout dit sur le drame liturgique et les représentations de mystères en Poitou. Deux faits nouveaux sont venus s'ajouter aux documents déjà publiés sur le sujet, et reculent l'un et l'autre les dates extrêmes que l'on avait fixées aux premières manifestations dramatiques dans notre province.

M. Marius Sepet nous rappelle que le premier drame liturgique où la langue vulgaire tienne une large place, l'*Époux*, plus connu sur le nom de *Mystère des Vierges sages et des Vierges folles*, fut composé en dialecte poitevin. L'auteur Hilaire, disciple d'Abeilard, qui l'écrivit dans la première moitié du XII° siècle, ouvre donc dignement notre préhistoire dramatique (1).

D'autre part les registres d'assises de Bressuire, récemment entrés aux Archives départementales des Deux-Sèvres, permettent de faire remonter à 1448 la plus ancienne mention de représentation de

(1) Sepet (Marius), *Origines catholiques du théâtre moderne*. Paris, s. d., [1902] in-8°, p. 114.

mystères. Il y eut, cette année-là, à Bressuire une telle affluence de spectateurs aux jeux de la Passion, que les vivres firent défaut et que le procureur de la cour fut obligé de requérir des poursuites contre un boulanger et un marchand de vin de la localité :

« 1448. Le procureur de la cour contre François Quesreux pour
« avoir fait trop petit pain à vendre durant les jeux de la Passion,
« et contre Christophe Poyn pour avoir vendu vin à prix excessif
« durant les dits jeux » (1).

J'ai parlé de la crosse de cuivre mentionnée par l'inventaire de la Cathédrale de Poitiers. « *Item quædam crossa cuprea pro Innocentibus.* » Le grave Thibeaudeau, qui n'ignorait pas ce curieux passage, le fait suivre de ce commentaire : « Ceux qui savent ce que c'était que la fête des Innocens, celle des fous, etc., se le rappelleront facilement ; il est inutile de l'apprendre à ceux qui ne le savent pas ». (2) C'est également à l'historien du Poitou que je dois de connaître un singulier usage de la procession des Rogations qu'il faut joindre aux éléments populaires de la liturgie poitevine. Si l'on en croit J. Bouchet, lorsque le cortège passait dans le faubourg de Pont-Joubert, le trompette de la ville, monté sur un rocher, lançait contre la châsse de la cathédrale une bouteille de verre pleine de vin ; s'il était assez adroit pour y toucher, il avait la valeur de la partie de la châsse qui était mouillée par le vin, mais il était excommunié. Cette cérémonie était déjà abolie du temps de Bouchet (3).

Rien n'est encore malheureusement venu confirmer la représentation de la *Passion* donnée à Saint-Maixent par François Villon, ni même attester l'existence de la fameuse diablerie immortalisée par Rabelais. Je crois qu'il ne faut voir qu'une réminiscence toute littéraire de *Pantagruel* dans la 19ᵉ *Serée* où Guillaume Bouchet met en

(1) *Archives départementales des Deux-Sèvres.* Eⁿ Reg. d'assises de Bressuire. Com. par A. Dupond, archiviste.

(2) Thibaudeau, *Histoire du Poitou*, I, p. 27. Le Catalogue de l'Exposition archéologique de Nantes en 1872, rédigé par F. Parenteau, mentionnait « le ceau des Fêtes-folies de l'église de Poitiers ».

(3) J. Bouchet, *Annales d'Aquitaine*, éd. 1557, fol. 99. Cité Thibaudeau, *loc. cit.*, I, p. 307.

scène un villageois de Saint-Maixent qui, rencontrant dans les rues de Poitiers un More « du temps que le roi y était », tenait « pour certain que c'étoit encore un diable de la diablerie de son païs... qui avoient si bien accoustré le beau-père secretain. »

En revanche, on peut ajouter au théâtre religieux de la fin du XVe siècle le mystère de *Saint Jean Baptiste* dont la représentation dans une ville du Poitou en 1492 nous est révélée par les vers d'un manuscrit du château de la Rochefoucauld, publiés par M. de Fleury dans la *Société archéologique de la Charente* (1).

Les jeux de la basoche, à la même époque, continuent à n'être connus que par les épîtres de J. Bouchet et par son épitaphe de Pierre Blanchet :

« Faisait jouer sur eschaffaulx bazoche,
Et y jouait par grand art, sans reproche. »

La basoche de Poitiers ne figure pas dans les *Complaintes et épitaphes du roy de la Basoche*, composées par André de la Vigne en 1501 (2). Quant à l'organisation de la fameuse confrérie, les renseignements connus ne remontant pas, pour le Poitou, au delà du XVIIIe siècle, je crois intéressant de publier une ordonnance de la sénéchaussée de Bressuire, du 28 février 1688, contre la basoche de l'endroit :

« Sur ce quy nous a esté remontré par le procureur de la cour
« que au préjudice de nos ordonnances, il se commet en cette
« ville quantité d'abus par les habitants d'icelle et notamment par
« des jeunes gens, lesquels s'atroupent journellement, battent le
« tembour et commettent quantité d'insollances, et notament pen-
« dant ce temps de carnaval, ce quy est contraire aux bonnes mœurs
« et la relligion, en ce que ilz cauzent des troubles à l'office divin,
« et que au contraire du respecq qu'ilz doibvent porter, et spécial-
« lement pendant l'oraizon des quarantes heures quy ce fait dans

(1) *Bull. Soc. Archives de la Charente*, VII, 5e série, 1884-85, p. 174.
(2) *Anciennes poésies françaises*, publ. par A. de Montaiglon, Bibl. elzévir. XIII, p. 181.

« l'églize de Nostre dame de cette ville, où le Très Saint Sacrement
« est expozé, en telle façon que l'on s'en est haultement plaint,
« estant nécessaire de pourvoir à tous ces excedz et abus ; Sur ce
« ouy ledit procureur, nous avons fait et faisons deffences à touttes
« personnes de quelques quailitez, conditions et âges qu'ilz soient
« de s'attroupper avecq armes, marcher par les rues, en cet estat,
« ny battre ou faire battre la quesse pendant la grande messe, ser-
« mon, vespres et la bénédiction du Très Saint Sacrement, comme
« aussy de s'assembler soubz les halles, ainsy qu'ilz ont oy devant
« fait, et y tenir certaines conversations et débitz deshonnesstes ce
« qu'ilz appellent Bazoge, à peine contre chascuns contrévenantz
« pour chascune contravention de dix livres d'amende payable sans
« depost par corps sans qu'il soit bezoing d'autre jugement, et en
« outre contre celluy qui sera dans la fonction de juge de la dite
« Bazoge d'un mois de prison, et sera nostre presdicte ordonnance
« executtée nonobstant oppozitions ou appellations quelconques
« faites ou à faire sans préjudice d'icelle, et laquelle sera lue, pu-
« blyée par le premier sergent ordinaire de cette cour assisté du
« huche et trompette, ausquelz mandons injonctions de ce faire
« par les cantons et carrefours de ceste dicte ville. Donné et fait
« par nous René Bodin, sieur des Maudières, advocat fiscal de la
« ville et baronnye du dit Bressuire pour l'absence de monsieur le
« Seneschal dudit lieu, audit Bressuire, le vingt-huict febvrier mil
« six cens quatre vingts huict (1) ».

BODIN.   GUYON.

Les clercs du palais avaient pour rivaux, à Poitiers, les écoliers
de l'Université, organisés en société joyeuse avec un abbé de Maugouverne, dont parle Noël du Fail dans ses *Contes d'Eutrapel* : « Du
« temps qu'estans à Poitiers, et que Macrobe fut condamné par
« l'un des juges comme Luthérien et livre réprouvé, et que, pour la
« cause d'un sal et ord abbé de Maugouverne que nous trouvons

(1) *Archives départ. des Deux-Sèvres.* Saint-Loup. Titres judiciaires.

« beau en ceste folle jeunesse, il y eut un décret de prise de corps
« général sur les escholiers plus notez et chargez » (1).

Au commencement du XVIe siècle, les premiers acteurs professionnels se montrent en Poitou. Ce sont de véritables bateleurs de
place publique comme le fameux Jean du Pont-Alletz, dit Songe
Creux, qui parcourait à cette époque les provinces de France :

> .... tant Anjou que Poitou
> Auvergne aussy, partout je ne scay où (2).

Un de ces nomades, natif de Rouen et joueur de mystères, se trouvait à Poitiers au mois de janvier 1522 et eut à se plaindre des ri-
gueurs de l'echevinage, comme en témoignent ces deux passages
du registre des délibérations municipales :

« Conseil des écheyins de la ville de Poictiers tenu en la maison
« de l'eschevinage de ladite ville le lundi 19e jour de janvier 1522.

« Touchant le bateleur que l'on dit avoir trompeté et faict sonner
« le tabourin pour faire assemblée de gens nonobstant les inhibi-
« tions et deffenses à luy faictes par Hugues Acton, président en ab-
« sence de Monsieur le Maire :

« A esté adprouvé qu'il sera adjourné à aujourdhuy par devant le
« dit Acton, pour répondre au procureur de la maison de céans, et
« veoir encourir les pennes à luy indictées, et que la pauvreté du
« peuple, l'indisposition du temps de guerre, que soussis et sub-
« sides demandés par le roy es habitans de cette ville, que l'on ne luy
« doibt permettre de jouher ne faire ron, proclamation ni assem-
« blées pour ce faire, ains luy faire commandement de vuyder à
« peyne d'amande arbitraire. »

Autre Conseil du même jour.

[En marge]. « Règlement donné en pollice par Messire le Maire
« au Pallais.

(1) Du Fail. *Œuvres*, Ed. elzévir, II, p. 281.
(2) *Catalogue Rothschild*, I, p. 315. C'est une requête adressée au Parle-
ment en 1529 ou 1530.

« Le procureur de la court d'amande Guillaume Theveneau, et
« Richart Chausseau, natif de la ville de Rouhan, joueur de mis-
« teres. Le defendeur par son propousé a dit que nonobstant les in-
« hibition et deffenses à luy faictes de non sonner trompette et ta-
« bourin par ceste ville de Poictiers, auroit plusieurs fois sonné par
« icelle tant en bourgs Saint-Hilaire que ailleurs. Par quoy requis
« estoit condamné en dix livres d'amande et avec estre contrainct
« par détension de sa personne.

« Le sieur Chantelou a dit que veritablement il n'avoir eu de
« nous permission, ains que luy ayons fait inhibition et deffenses,
« mais pensoit n'y contrevenir en sonnant par le bourg Saint-Hi-
« laire, et l'auroit faict [par] pauvreté en gaignant sa vie, desnie le
« vouloit faire en contems ou mespris du roy ne de son autorité ne
« de nous ;

« A nous, oy l'oppinion du Conseil, et que avons oy par les susd.
« Joachim Arembert, Guillaume Mercier, et par personnes quy ont
« dici avoir esté presentes, que ledit defendeur avoit sonné de la
« trompette, retenu retenons icelluy defenseur en l'amende de
« cent solz, laquelle luy avons remise et remetons pour sa pauvreté,
« dont avons été informés et faict inhibitions et deffenses de non
« plus sonner de trompetes et tabourins sans noustre permis-
« sion » (1).

Aux représentations de mystères de cette époque, non plus qu'au
théâtre des lettres de la Renaissance, je ne vois rien à ajouter. Tout
à la fin du XVI⁰ siècle parut à Poitiers une pièce en cinq actes, en
vers latins, *Gallia victrix*, composée sans doute en l'honneur du
traité de Vervins et de la paix avec les Espagnols :

« *Guilielmi Hegati Scoti Glasguensis, Gallia victrix, Augustoriti
Pictonum, ex typ. A. Mesnier, M. D. XC. VIII* In-8° de 4-39 p. (2).

A défaut de documents nouveaux sur les comédiens du

(1) *Registre des délib. municip.* n° 18, p. 130 et 131. Transcription
par M. Rambaud.

(2) La Bouralière (de). *Imprimeurs et libraires de Poitiers au XVI⁰ siècle*
P. 214.

XVI° siècle, qu'il eût été si intéressant de retrouver, je crois utile de mettre au jour quelques noms de musiciens instrumentistes contemporains dont les noms figurent sur les minutes des notaires poitevins. C'est le fruit des recherches d'un trop modeste érudit Saintais, qui a bien voulu me communiquer ses notes, et à qui j'adresse tous mes remerciements. Elles complèteront l'intéressant aperçu publié par M. René Perlat sous le titre de *Causerie Poitevine : les Ancêtres de la Société Philharmonique* (1). Mais ce n'est pas un chapitre, c'est un livre entier qu'il y aurait à écrire sur la musique et les musiciens en Poitou.

Gilles des Touches (1574-1594) habitait, paroisse Sainte-Opportune, une maison appartenant au chapitre Notre-Dame la Grande. Il avait pour femme Anne ou Jeanne de Biez, fille de Jean et de Catherine de Boussigny qui, frappée de la peste, dicta son testament le 20 septembre 1586, par la fenêtre de son logis, aux notaires Bourbeau et Béga. Sa belle-sœur Laurence de Biez avait également pris pour mari un joueur d'instruments nommé Jean Clément. Leur fille Marie épousa un tailleur d'habits Antoine Charet. Au contrat, signé le 19 janvier 1585 à l'hôtel « ou soulait prendre par enseigne *le Coq*, paroisse Saint-Pierre », Jean Clément et sa femme sont portés défunts. Pierre Clément (1574), époux d'Ozanne Mathé, décédé avant 1597 et aussi musicien, appartenait évidemment à la même famille. Sa veuve demeurait au logis de *la Croix Rouge*, dont elle afferma une partie à Benoît Lameure, maître joueur d'escrime, « de présent à Poitiers » le 21 mai 1597.

Gilles des Touches allait prêter son concours aux divertissements des villes voisines. Le 29 décembre 1574 le tenancier d'un jeu de paume à Thouars, Nicolas Testard, s'oblige envers lui pour 12 livres 10 sols.

Jean Regnault (1574-1599), Jean Seneschau dit la Mothe (1587), Isaac Decombes, époux de Marie Jacquier (1584-1589), François Hache, époux de François Gonty, mort avant 1601 ne nous ont

(1) *Avenir de la Vienne*, 27 février, 16 avril 1908, 17 février, 11 mars, 12 juin, 1° août 1909.

laissé que leurs noms. Jean Braudy (1584-1587), époux de Marie Bodineau, prit à bail le 17 janvier 1587 une maison appartenant au chapitre de Notre Dame la Grande, paroisse Sainte-Opportune.

Tous ces personnages sont uniformément qualifiés sur les minutes notariales de « joueurs d'instruments », ce qui nous laisse dans l'incertitude sur leur spécialité. En revanche nous avons le nom de Bastien Bernard, joueur de violon, dont la « concubine » Jacquette Audinet, « renommée hôtesse », porte une plainte de vol contre deux voisines le 25 octobre 1575, et de Le Bailly, également joueur de violon, qui se fait construire un logis à la fin de 1588, paroisse des Cordeliers.

Un des instruments les plus à la mode à cette époque était la guiterne, dont la vogue nous est attestée par un traité fort rare, composé à Poitiers à cette époque.

Sire Etienne Cotte (1591-1599), marchand guiternier, était sans doute le fournisseur attitré de ces attributs d'Euterpe. Mais on pouvait aussi se procurer à Poitiers d'autres instruments de musique. Le 4 avril 1598, un étudiant de Ploërmel, nommé Jean Charpentier, emprunte quarante écus à un de ses condisciples pour remonter sa garde robe (manteau, pourpoint, haut et bas de chausses tant de serge, gros d'Ascot, ras de mytan, revesche d'Angleterre, peaux de chamois et d'autres étoffes) et pour s'acheter une « espinette organisée double ».

Au XVIIᵉ siècle, les joueurs d'instruments étaient sans doute constitués en corporation, ou peut-être la requête que nous a obligeamment communiquée M. Rambaud émanait-elle d'une « bande » ou compagnie de musiciens. Dans tous les cas, il s'agissait de protester contre une ordonnance municipale défendant aux joueurs d'instruments de se louer aux assemblées, et aux gens de qualité de donner des bals pendant la durée de la peste :

« 1631, 3 février. Sur la requête présentée par les joueurs de haultz bois et viollons aux fins d'avoir permission de jouer de leurs instruments aux assemblées qui ont accoutumés de ce faire en ceste saison et temps de carnaval, et revocquer, en leur faveur, et de

leurs familles nécessiteuses, l'ordonnance donnée contre eux au Conseil ordinaire dernier. A esté ordonné que lesd. ordonnances portant deffence de faire assemblées publicques de toutes sortes de personnes, et auxd. joueurs d'instruments d'y assister et exercer leur métier, sera gardée et entretenue » (1)

A Niort nos recherches ne nous ont révélé que deux noms : Jehan Mourault, viollon (1620), et Mathurin Thiérion (1681) (2). La ville ne comptait pas autant de belle société que la capitale de la province.

II

Comédiens nomades — Acteurs du XVIII° siècle. — Comédies de collège. — Acteurs dramatiques.

Contre toute attente, les recherches des érudits poitevins n'ont pas éclairci les pérégrinations des comédiens nomades au XVII° siècle. Nous sommes toujours restés, pour le passage hypothétique de Molière, aux découvertes de Bricauld de Verneuil et de Benjamin Fillon, avec un doute de plus en plus marqué pour les documents publiés par l'historien fontenaisien. Cependant les registres de la Souterraine (Creuse), dépouillés par M. J. Bellet, ont fait découvrir l'acte de baptême d'une comédienne, Simonne de la Chappé, épouse de Nicolas Le Roy, dont j'ai publié, après Benjamin Fillon, l'acte de décès à Fontenay-le-Comte :

« Du 11 mars 1612.

« A esté baptisée Symonne Chappe, fille de Michel Chappe, de « Saulmur, et de Françoise Chauveau. Parrin, m" Jehan Reignault, « notere; marrine Symonne du Puy de Cros, par moi curé sus"°.

PIERRE SALET.

Nous devons aussi au regretté H. Chardon quelques précisions sur les comédiens signalés à Poitiers au milieu du XVII° siècle.

(1) *Reg. des délib. municip.*, n° 81 f°° 132-137.
(2) Minutes Sabourin, 15 avril 1620 ; minutes Ligonnière, 12 mai 1681 (*Arch. départ. des Deux-Sèvres*).

C'est ainsi que nous apprenons que Piter de Longchampt et ses compagnons, qui jouaient à Poitiers en juillet 1652, se trouvaient à Nantes le 14 mai précédent, où ils faisaient baptiser, paroisse de Saint-Léonard, « un enfant masle, fils de honestes personnes Henry Piter, sieur de Longchamp, comédien du roy et de Charlotte de Belleville, nommé Nicolas par honeste homme Nicolas Drouin dit Dorimont, et honeste fille Annne Millot (1). » Nous savons encore par le même érudit qu'un des acteurs de la troupe, dont la signature Beaupré s'étalait sur les registres de Saint-Cybard à Poitiers le 29 juillet 1652, s'appelait Nicolas Loir (et non pas Lion), sieur de Beaupré, et était mari de Madeleine Lemoine, que je supposais à tort avoir appartenu à la troupe de Molière.

Les comédiens du XVIII⁰ siècle n'ont pas non plus révélé leur existence par de bien nombreux documents. Je ne vois guère à citer que le souffleur-régisseur de la salle de spectacle de Poitiers, en 1773-74, dont le nom se rattache à un poème héroï-comique découvert par M. de la Bouralière à la Bibliothèque de la Société des Antiquaires de l'Ouest : « *Le repentir sincère du chevalier D...,* poème héroï-comique par M. Alexandre Le Blanc, souffleur et répétiteur aux spectacles de la Ville de Poitiers. — Poitiers, Faulcon, 1774 (2). »

Je crois aussi que le sieur Cizos, qui dirigeait le même théâtre en 1781-82, peut être identifié avec Cizos de Guérin, comédien, qui venait de faire imprimer à Limoges, en 1781, chez P. Chapoulaud : *Les deux Contrats ou le Mariage inattendu,* comédie en prose (3). Il est très problable qu'on peut voir dans ce personnage un ancêtre de Rose Chéri, qui s'appelait en réalité Rose Cizos et était fille de comédiens.

En 1776, le Poitou fut parcouru par une troupe de comédiens dirigés par Duménil. Ils se trouvaient à Niort au moment de la foire de mai, comme en témoigne cette lettre du lieutenant de police Rouget au procureur général :

(1) Chardon (H.), *Scarron inconnu,* t. ii, p. 231 et 254.
(2) La Bouralière (de), *Imprimeurs et libraires de Poitiers au XVII⁰ siècle,* p. 118.
(3) *Catalogue de la Bibliothèque Soleinne,* t. ii, p. 359.

«.... Permettés moy, Monseigneur, de vous faire part qu'il est
« arrivé en cette ville une troupe de commédiens, sous la direction
« d'un nommé Duménil, porteur d'un privilège exclusif de M. le
« baron de Montmorency, commandant en chef dans cette pro-
« vince, qui luy permet de jouer la commédie dans toutes les villes
« de son commandement, de donner des bals et des redouttes où
« l'on jouera toutes sortes de jeux excepté les jeux du hasard... »
(11 mai 1776) (1).

Au moment de la Révolution et jusque sous l'Empire, ce sont les
troupes de Saint-Romain qui font les beaux jours des spectales de
Poitiers, de Niort, de la Rochelle et de Rochefort. Je me suis assez
occupé de ce directeur modèle, qui finit par présider à Paris aux
destinées du théâtre de la Porte Saint-Martin, pour n'avoir pas à
y revenir. Je crois pourtant utile de signaler sa présence probable
à Nancy en 1791, sans doute à sa sortie du séminaire de Poitiers ; il
y aurait fait représenter un drame, conservé à la bibliothèque de
Nancy : *René II de Lorraine ou l'héroisme patriotique*. Drame en
trois actes et en vers, par M. Saint-Romain, représenté à Nancy, le
19 février 1791 (2) «. En 1800, tandis qu'il exploitait avec sa troupe
le théâtre de Rochefort, il eut quelque temps sous sa direction la
jeune et touchante Marceline Desbordes, sur le point de s'embar-
quer à Bordeaux pour la Guadeloupe avec sa mère (3).

J'ai trouvé également trace de deux comédiens du spectacle de
Poitiers pendant d'hiver 1799-1800. Ils faisaient partie de la troupe
de la Rochelle en 1818, et Duverger, inspecteur des théâtres et
juge impartial, leur consacrait cette note dans ses Rapports :

« Lamareille, père noble, 48 à 50 ans, disant bien, comédien
« décent dans tout. — Mme Brenezeau, caractère, mère noble, 48 à
« 50 ans, n'est point sans talent dans ses emplois (4). »

A côté des comédiens professionnels, les jeunes comédiens de

(1) Bib. Nat., mss., coll. Joly de Fleury, 2422, f° 186.
(2) Manuscrit de 80 p., bibl. de Nancy, n° 369.
(3) Boulenger (Jacques), *Marceline Desbordes-Valmore*, p. 37.
(4) *Archives Nationales* O³ 1599.

collège méritent une petite place. Le répertoire des représentations scolaires au XVIIe et au XVIIIe siècle s'est enrichi de plusieurs pièces dont j'ignorais l'existence.

Les Jésuites de Poitiers, nous apprend M. Delfour, ne possédaient aucune salle de tragédie et donnaient leur spectacle dans la cour d'honneur, sur une immense estrade dont les bois étaient ensuite remisés dans le bâtiment réservé aujourd'hui aux classes primaires (1). Leurs élèves représentèrent une tragédie, le 19 janvier 1666, à la mémoire d'Anne d'Autriche dont Poitiers apprit ce jour-là la mort (2). En juillet 1672, on joua *Borgia*, tragédie chrétienne, en l'honneur de la canonisation de saint François Borgia (3) ; en 1748, le 23 et le 27 août, *Juste, martyrs japonais*, tragédie chrétienne, et *Mars pacificateur*, ballet ; en 1750 (pour la seconde fois) *Amalfrory, frère de sainte Radegonde*, avec les *Quatre Oger*, ballet ; en 1760, *Maurice de Nassau*, tragédie nouvelle, et *l'Éducation moderne*, ballet (4).

Le répertoire des Oratoriens de Niort s'est accru aussi de quelques titres nouveaux. Le 19 août 1750 les écoliers de rhétorique jouèrent *Néoptolème*, tragédie, et les *Originaux*, comédie (5) ; au mois de mai 1763, on représenta *le Retour à la paix*, pastorale dont la scène se passait sur les bords de la Sèvre (6).

La littérature dramatique poitevine au XVIIe et au XVIIIe siècle a bénéficié des publications de M. de la Bouralière et de quelques autres découvertes. C'est ainsi que nous pouvons citer l'œuvre d'un normand, précepteur au château de Beaupuy, en Bas-Poitou, chez Jacques Chauvinière, sieur de Beaupuy, époux de Claude de la Haye. *Le Sacré hymen du berger Dorothéon et de la belle Florénée*, pastorale allégorique en l'honneur du mariage d'Henri IV et de Marie de Médicis, parut à Nantes en 1602, accompagné d'une dédicace à Anne Huraut, épouse de Gilbert de la Trémouille, marquis

(1) Delfour (J.), *Les Jésuites à Poitiers* (1604-1762).
(2) *Arch. historiques du Poitou*, t. xx.
(3) La Bouralière (de), *loc cit.*, p. 227.
(4) Les livrets de ces pièces sont conservés à la Bibliothèque municipale de Poitiers.
(5) Programme dans la collection Marmuse, à Niort.
(6) *Revue poitevine et Saintongeaise*, t. 1, p. 238.

de Royan, et de pièces de vers adressées à Nicolas Rapin et au procureur de la Roche-sur-Yon, Arnaud. Tout porte à croire qu'il s'agit d'une pièce représentée dans un château poitevin, peut-être à Talmond ou à la Roche-sur Yon(1).

J'ai oublié de signaler, bien que Dreux du Radier leur ait fait place dans sa *Bibliothèque historique*, les deux pièces de Banchereau : l'*Espérance glorieuse*, comédie, et les *Passions égarées*, tragédie-comédie. L'auteur, lit-on dans les *Tablettes dramatiques*, n'avait que vingt ans lorsqu'il publia ces deux pièces, en 1632 (2).

J'ignorais aussi le *Posthume ou l'heureux Alcandre*, tragi-comédie, dédiée à M. Martineau, écuyer, sieur de Brouville, et imprimée à Poitiers par Abraham Mounin en 1645 (3) : l'auteur reste à déterminer.

Nous ne sommes pas mieux renseignés sur un livret de comédie qui circulait à Poitiers, sous le manteau, pendant l'hiver 1701-1702. Tout porte à croire qu'il s'agit d'une pièce satirique locale, dans le goût de *Fine-Epice*, de Sainte-Marthe, mais l'ordonnance de René Derazay, lieutenant de police, dit simplement « qu'on vend et débite un certain livret de comédie » dont il n'a eu aucune connaissance et dont il n'a donné ni permission d'imprimer ni permission de vendre : « C'est pourquoi nous avons fait et faisons défences à tous libraires et imprimeurs et toutes autres personnes de vendre et débiter le dit livret, à peine de 60 l. d'amende et de confiscation des exemplaires, jusqu'à ce que nous ayons veu ledit livret et qu'il nous ait été représenté et approuvé de personnes capables. » (4 février 1702) (4).

J'ai parlé à leur date des divertissements musicaux du vieil académicien Nadal, mais je n'avais pas eu en main les livrets d'*Esther* et du *Paradis Terrestre*, qui furent l'un à l'autre imprimés à Poi-

(1) Gasté. *Le Sacré hymen et autres poésies par Jean de Larcher*. Alençou, 1901, in-8°.
(2) Dreux du Radier. *Bibliothèque historique du Poitou*, t. iii, p. 89.
(3) La Bouralière (de), *loc. cit.*, p. 274.
(4) Greffe de la police de Poitiers, 2 pièces impr. et mss., communiq. par M. Rambaud.

tiers lors de leur représentation à l'Académie de musique poitevine.
En voici les titres tels que les donne M. de la Bouralière :

« *Esther*, divertissement spirituel exécuté pour la première fois
« par l'Académie de musique de Poitiers, le 4 mars 1735. A Ma-
« dame Le Nain, intendante de Poitou, mis en musique par M. Gi-
« baut, maître de musique de Saint-Hilaire. A Poictiers, chez Jacques
« Faulcon, s. d. (1735). In-4° de 8 pp. (1). »

« *Le Paradis Terrestre, imité de Milton, poète anglais*, divertisse-
« ment spirituel en un acte, par l'abbé Nadal. A Poitiers, chez
« Jacques Faulcon, 1736, in-4° (2).

J'ai rangé parmi les amateurs poitevins l'auteur malheureux
d'*Alexis et Clairette ou la Maisonnette dans les bois*, comédie représentée et sifflée à la salle de spectacle de Poitiers, le 15 février 1800.
Un passage du compte-rendu : « le sujet est tiré et quelquefois
copié, du roman du même nom », aurait dû me mettre en garde
contre cette attribution. Depuis j'ai trouvé dans la liste des pièces
non imprimées de Guilbert de Pixérécourt, en tête de son *Théâtre
choisi* : *Alexis ou la Maisonnette dans les bois*, comédie en trois
actes, en prose, mêlée d'ariettes, qui me semble bien l'œuvre dramatique jouée à Poitiers. On s'explique que le célèbre auteur ait gardé
sa pièce manuscrite : les sifflets poitevins en avaient été la
cause (3).

Enfin parmi les auteurs poitevins qui ont travaillé pour le théâtre,
il ne faut pas oublier Belin de la Liborlière que fit jouer à l'Odéon,
en 1803, *La Cloison ou beaucoup de bruit pour rien*. Son nom ne
figurait pas sur l'affiche. Après la représentation, le parterre de-
manda l'auteur. Un auteur s'avança :

— Messieurs, dit-il, l'auteur désire conserver l'anonyme.

— Il fait bien, répondit un plaisant.

Et d'autres de répéter :

— Oui, oui, il fait bien !

(1) Collection A. Labbé, La Bouralière (de), *loc. cit.*, p. 83.
(2) Cité par Quérard et de la Bouralière.
(3) Pixérécourt (G. de). *Théâtre choisi*, Nancy, 1841-43, 4 vol. in-8°. Cité
Catal. Soleinne, t. II, p. 255.

Malgré cette boutade, qui faillit entraîner une chute, la pièce se soutint, eut plusieurs représentations et resta au répertoire. Mais la Liborlière ne composa plus pour le théâtre (1).

III

Bateleurs. — Phénomènes vivants. — Joueurs de gobelets. — Danseurs. — Montreurs d'optique. — Charlatans vendeurs d'orviétan.

Les spectacles populaires, et en particulier les trétaux des charlatans, ont été mieux partagés, dans les découvertes de ces dernières années, que les représentations plus littéraires des comédiens en tournée ou des troupes établies à demeure dans les salles de théâtre poitevines. Il est vrai que M. P. Rambaud s'est occupé du sujet, et que cet excellent érudit nous a habitués à des dépouillements sérieux d'archives.

Parlons d'abord des bateleurs et des saltimbanques.

Au mois de septembre 1448 un bateleur, Olivier Guillardet et Gilete, sa femme, accompagnés de plusieurs compagnons, vinrent jouer à Vouzaille (Vienne). Ils avaient avec eux un singe et un bouc savants que les paysans cherchèrent à leur enlever. Une rixe s'en suivit qui coûta la vie à la femme du bateleur (2).

Au XVIe siècle la venue de saltimbanques à Poitiers est fréquente, et tout aussi fréquente la rigueur de l'échevinage à leur égard. Le 24 avril 1537 plainte est portée contre des bateleurs « quy sont cause de desbaucher plusieurs jeunes escollyers et aultres ». Le Conseil délibère que commandement leur sera « faict de vuyder dedans ce aujourd'huy à la peine de prison » (3).

Le 28 août 1553 défense est faite à « certains bastelleurs estans en ceste ville » de jouer le dimanche, malgré l'autorisation contraire du

(1) Dreux du Radier, éd. de Sainte Hermine et Lastic Saint Jal, p. 662.
(2) *Arch. nat.* JJ. 179 n° 192, fol. 106 v°. Publ. P. Guérin, *Archives histor. du Poitou*, XXXII, p. 97 et 102.
(3) *Reg. de délib.*, n° 20, p. 225. Communiq. par M. Rambaud.

présidial (1) ; le 22 avril 1555 interdiction complète à d'autres bateleurs « qui demandent congié de jouer » (2).

J'ai cité le curieux passage du *Journal de Guillaume le Riche* qui décrit les exercices d'un homme sans bras, « se disant de Nantes », et de sa troupe, à Saint-Maixent le 17 mars 1579. Ce phénomène vivant venait de Guyenne, et avait eu l'honneur de travailler devant Montaigne qui s'en est souvenu dans ses *Essais* :

« Je viens de veoir chez moi, dit-il, un petit homme natif de Nantes,
« nay sans bras, qui a si bien façonné ses pieds au service que lui
« debvoient les mains, qu'ils en ont, à la vérité, à demy oublié
« leur office naturel. Au demourant, il les nomme ses mains : il
« tranche, il charge un pistolet et lasche, il enfile son aiguille,
« il coud, il escrit, il tire le bonnet, il se peigne, il joue aux
« chartes et aux dez, et les remue avecques autant de dextérité que
« sçauroit faire quelqu'autre : l'argent que je leuy ay donné (car
« il gaigne sa vie à se faire veoir), il l'a emporté en son pied comme
« nous faisons en nostre main » (3).

En 1586, on retrouve encore le même acrobate, mais il est à Paris, et c'est Pierre de l'Estoile, à son tour, qui s'ébahit de sa dextérité :

« Le 10 de ce mois [de février], je vis un homme sans bras qui
« écrivoit, lavoit un verre, ostoit son chapeau, jouoit aux quilles,
« aux cartes et aux dez, tiroit de l'arc, démontoit, chargeoit, bandoit et tiroit un pistolet. Il se disoit natif de Nantes et étoit agé
« de quarante ans (4) »

Un document extrêmement curieux, découvert par M. Rambaud, nous montre un saltimbanque du XVIIe siècle recrutant un élève à Poitiers pour lui enseigner ses exercices. Le 16 mai 1666, Charles Richard, habitant Toulouse et de passage en Poitou, joueur d'instruments, danseur et voltigeur sur cordes, « prend comme apprentif avec luy pour cinq années entières et consécutives et sans intervalle de temps, Jean Deschamps, agé de 14 ans ou environ, fils de

(1) *Reg. délib.* n° 32, f. 311.
(2) *Reg. délib.* f. 553.
(3) Montaigne. *Es ais* l. II. ch. XXII. *De la Coustume.*
(4) Journal de Pierre de l'Estoile, 10 février 1586.

feu Deschamps et Louise Moreau, demeurant à Poitiers. S'engage à luy monstrer et enseigner du mieux qu'il luy sera possible à jouer du viollon, tambour, de la trompette et aultres instrumens dont il joue, à danser, voltiger sur la corde et aultres exercices dont il use, le loger, nourrir, heberger et le mener avec luy par pays. En outre, l'entretenir d'habits, vestementz, linge, chaussure et aultres choses dont il aura besoin. » De son côté, Deschamps devra le servir fidèlement, lui obéir, et ne jamais le quitter sans son congé et permission. Si malgré cela il s'en allait, son maître aurait le droit de le faire ramener chez lui, même par corps. L'apprentissage est gratuit de part et d'autre, sans que Deschamps « soit obligé de bailler et payer au sieur Richard aulcune chose pour le dict apprentissage, nourriture et entretien, ny que Richard soit tenu luy donner aulcune chose à la fin de son temps (1) ».

Pendant l'hiver de 1700 un joueur de gobelets nommé Baptiste, et se disant Polonais, donnait son spectacle à Poitiers à l'auberge de la Trigale ou de la Grande beste.

C'était, comme beaucoup de ses pareils, un assez mauvais payeur, ainsi qu'il ressort d'un document qui m'a été communiqué par M. Rambaud. Il s'agit d'une enquête judiciaire du 4 février 1700 au sujet d'un différend entre un menuisier et le tenancier de l'auberge qu'il voulait rendre responsable du matériel de théâtre pris en location par l'escamoteur.

Les dépositions des témoins sont piquantes :

Honoré Taillé, hôte du *Temps perdu*, a eu connaissance que Pilorget est allé chez le menuisier Jacques Lesou arêter le prix de location d'un amphithéâtre pour loger les spectateurs. Pilorget et sa femme étaient alors de moitié avec le nommé Batiste, polonais, joueur de gobelets, « et faisaient leur jeu en la maison appelée la *Trigalle* autrement la *Grande beste*. Du matin au soir Pilorget et sa femme étaient avec Baptiste. Il sait que le marché avait été conclu par Pilorget avec Lesou pour 20 livres, et que lorsque Pilorget voulait partager la recette après la représentation Baptiste s'y opposait et disait qu'il

(1) Minutes Dubois, not⁰ à Poitiers, Communiq. par M. Rambaud. Cf. Rambaud *La Pharmacie en Poitou*, p. 560.

fallait attendre que l'amphithéâtre fut payé. Un soir même, le menuisier voulait démonter son matériel ne sachant pas qui le lui paierait.
Pilorget le rassura en disant : « Que craignez-vous ? Voulez-vous
voir mon billet ? »

Le marchand Gloriau, qui logeait l'escamoteur polonais, a entendu
un soir Pilorget dire à son associé qu'il venait de proposer
18 livres à Lesou pour la façon et location d'un amphithéâtre, mais
qu'il ny voulait pas consentir. Il fut alors convenu qu'on donnerait
les 20 livres demandées.

Les autres témoins déposent dans le même sens.

En 1707, les Poitevins purent assister aux exercices d'une troupe
de choix. Les danseurs des Menus plaisirs du Dauphin, sous la direction de Christophe Sol, arrivèrent à la fin de novembre et ob-
tinrent l'autorisation de donner leur spectacle au jeu de paume de
l'*Etude* pendant un mois. Outre le directeur, la troupe comprenait
Dorré, Michu, Fayaut, Volard et de Rochefort, qui faisait les
fonctions de régisseur.

Voici leur requête au lieutenant de police de Poitiers :

« Supplie humblement Cristofle Sol, tant pour luy que pour sa
« troupe et compagnie, dansseurs, sauteurs, et voltigeurs (Dorré,
« Micheu, Fayaut) des Plaisirs de Monseigneur, dizant qu'ils sont
« arrivé en cette ville, et comme par leurs privilleges et arrest il leur
« est permis de dresser téatre pour faire l'exercisse, ils ont choisy
« le jeu de paulme de l'Estude de cette ville pour y faire leur exer-
« cisse, mais pour cella, ils ont besoing de vostre ordonnance et
« permission. A cest effet requert que :
« Ce considéré, mond. sieur, il vous plaise permettre au sup-
« pliant et à sa compagnie de dresser téatre dans le jeu de paulme
« de l'Estude de cette ville, de y sauter et voltiger et faire leurs fonc-
« tions accoutumés et ce les jours et heures que bon leur semblera,
« et à cette fin de faire [annonce] ? et mettre [affiches] ? [es] places
« et carrefours de cette ville et toutes les fois qu'ils jugeront à propos,
« avec défenses à toutes personnes de les troubler sous peyne

(1) *Greffe de la police de Poitiers.* Communiq. par M. Rambaud.

« portées par leur privilège et les ordonnances. Et ce pendant le
« temps de deux mois. Ce qui sera exécuté et ferez bien. »

 Michu, Derochefort, faisant pour la dite troupe.

 Volard.

L'autorisation fut accordée le 21 novembre 1707, mais pour un
mois seulement, et, avec la réserve d'usage de « ne faire aucune
chose indécente, ny rien contre la religion, ne faire aucun exercice
aux heures du service divin ».

Citons encore cette curieuse annonce d'un peintre montreur
d'optique, qui m'avait échappée, bien que les *Affiches du Poitou*
l'ait reproduite *in extenso* dans leur numéro du 27 novembre 1781.

« Le s^r Giraud. de l'Académie de Paris, logé à Poitiers chez le
« s^r Vaché, perruquier près de l'hôtel de la Bourdonnaye, montre
« en optique plusieurs tableaux représentant de grandeur natu-
« relle le fameux canal du Languedoc, vu de différents points,
« et plusieurs objets également curieux des différentes parties de
« l'Europe. C'est un spectacle intéressant, applaudi par les connais-
« seurs et qui a été vu avec plaisir par plusieurs cours. Le s^r Girard
« vient de composer, pour augmenter sa collection et plaire aux
« habitants de cette ville, le tableau du beau parc de Blossac,
« peint du point de vue le plus agréable et le plus pittoresque. »

J'arrive maintenant au théâtre des charlatans et des opérateurs,
dont l'ancêtre me paraît être ce grec que Pierre Boaisteau vit travailler à Poitiers vers 1582 avec une suite de serviteurs et de chevaux dignes de frapper l'imagination populaire.

« C'est aymant, dit-il dans les *Histoires prodigieuses* (1), a donné
« occasion de decevoir beaucoup de peuples et d'entretenir beau-
« coup de personnes en erreur, comme j'ay veu par expérience de-
« puis quinze ou seize ans que j'estois à Poictiers aux estudes, où
« il arriva à un quidam qui se disoit Grec naturel, monté de cinq
« ou six pièces de chevaux et bien accompaigné de serviteurs, le-

(1) Boaisteau, *Histoires prodigieuses*, Paris, 1597, t. I., p. 62.

« quel se donnoit de grans coups de dagues et de cousteaux par les
« cuisses, par les bras, et presque par toutes les parties du corps; puis
« s'estant frotté de certaine huille qu'il appeloit huille balsannin, il
« consolidoit ses playes comme si le fer n'y eust point touché. »

Le nombre de ces comédiens de carrefour est si considérable au
XVIIe siècle, — ou plutôt M. Rambaud en a fait une telle récolte dans
les papiers de police — que je me contenterai de citer les principaux, renvoyant pour les autres aux articles de cet excellent érudit
sur les *Charlatans d'autrefois* et à son livre magistral sur la
Pharmacie en Poitou.

Désiderio Descombes, vendeur d'orviétan fameux, originaire d'An-
goulême, vient dresser son théâtre sur la place du Vieux-Marché,
au mois de mai 1628. En dépit des apothicaires et des chirur-
giens, dont l'opposition dure depuis trois ans, il débite ses pom-
mades et ses drogues et la foule entoure ses tréteaux. Elle devient
même si nombreuse que l'échevinage craint de voir augmenter
la peste qui sévit dans la ville à cause de cette « grande assemblée de
peuple qui se fait tous les jours au Marché Viel pour voir les farces
que représente Désiderio Descombes ».

Ses confrères recourent aux mêmes moyens de succès et recrutent
les meilleurs sujets qu'ils peuvent trouver pour renforcer les *at-
tractions* de leur théâtre en plein vent. Le 15 juillet 1666, François
Desalguier, sieur de Fontblanche, dit l'*Antitan* prend à son service
Nicolas Debas « saulteur et danseur sur corde », sa femme Marie
Marguerite et sa nièce Simone Marguerite. Toute cette famille, y
compris les enfants, jouera avec lui tant « farces, ballets, saults et
dansses sur corde, voltiges que autres exercices qu'ils ont accoutumé
de faire en ladite profession ». La durée de l'engagement restera
fixée à un an. Fontblanche sera tenu de donner 16 l. par mois à
Debas et de lui abandonner deux parts et demie de l'argent recueilli
après le boniment. De plus, il devra le loger, nourrir, faire porter
ses bagages et ceux des siens, et lui avancer la somme de 75 l. 5 s.
dont il a grand besoin (1).

(1) Minutes Dubois. Publ. Rambaud, *loc. cit.*, p. 559.

Le 8 juillet 1593, Jean Audefont, chirurgien et opérateur, demeurant à Pont-en-Vaux, dans la Bresse, engage Barthelémy Pinault, d'Exoudun en Berry, et Pierre Roblin, de Paris, pour danser sur son théâtre. Le premier touchera 12 livres par mois pour lui et sa femme, le second 6 livres, et l'argent qu'ils retireront de « leurs escoliers », comme maîtres de danse, sera partagé par parts égales entre les contractants. Le marché signé, Roblin reçoit immédiatement un habit et un violon représentant une avance de 60 livres (1).

Faute d'artistes professionnels, les opérateurs se rabattent sur des figurants. Ainsi fait Drouin, qui le 27 juin 1751 se sert d'un soldat du régiment de Condé pour jouer les Arlequins, et, avant de le congédier, se grise abominablement avec lui (2). Les plus pauvres voyagent avec des marionnettes, comme ce Charles Piogé, dentiste escamoteur, et sa femme Françoise Bartolle qui se font arrêter le 11 mai 1787 à Faye l'Abbesse. Tout leur bagage se compose de figures de bois ou personnages de marionnettes, avec des paquets de poudres de diverses couleurs et des bois. De plus un grand tableau pour servir d'enseigne (3). »

Combien d'autres seraient à citer ! Jacob Fournier, sieur de la Flotte, qui demande à dresser son théâtre et à faire ses exercices à Châtellerault en 1705, Claudet Philibert Lesço (1727), qui sollicite la même autorisation en faisant valoir les frais considérables que lui cause l'entretien d'une troupe chargée de représenter des ballets et des comédies, Luc Lestrade (14 février 1704), Claude Guérin (8 février 1722). Grégoire Toscane (9 juin 1717), Basse (6 août 1665), Jean Lesclifet (8 novembre 1635) ! Ce théâtre de la foire est d'une richesse charmante. Il attend les recherches des érudits qui n'auront qu'à suivre les traces de M. Rambaud.

(1) Minutes Dubois. Publ. Rambaud, *loc. cit.*, p. 559.
(2) Greffe du présidial. Publ. Rambaud, *loc. cit.*, p. 560.
(3) Greffe criminel du présidial. Publ. Rambaud, *loc. cit.*, p. 566. Ce Drouin est peut-être le même que Philippe Drouin qui le 27 mai 1729 se vantait aux officiers de police de Châtellerault « de savoir plusieurs subtilités de corps et de mains qui ne sont contre les mœurs, au contraire ne sont que pour la récréation du public ».

IV

Jeux de paume à Poitiers. — Apprentis et maîtres paumiers. — Jeux de paume à Niort et dans diverses localités du Poitou — Une représentation troublée au jeu de paume du Mourier.

J'aurais beaucoup à ajouter à la liste des jeux de paume à Poitiers, à Niort, à Châtellerault, ou dans d'autres localités de la province. Je me contenterai cependant, sans en oublier aucun, de passer rapidement sur ceux de ces établissements qui ne présentent aucune particularité intéressante, et d'insister en revanche sur quelques documents concernant les conditions et les mœurs des paumiers ou de leurs clients. Cette partie de mon étude sera presqu'entièrement composée des recherches de M. Rambaud et du trop modeste érudit saintais qui m'a déjà fourni de précieuses notes sur les joueurs d'instruments.

Le jeu de paume de *Regnauld*, rue des Hautes Treilles, qui pourrait bien être le même que le *Regnard* cité par Bricaud de Verneuil (1), existait dès le 17 avril 1567 et tirait son nom de son possesseur sire Claude Regnauld. Les tenanciers furent François Tixier ou Texier (1567), Blaise Polly (1571), Pierre Salette (1573 et Jean Guerry (1574). Ce dernier prit l'établissement à bail le 5 octobre 1574 de François Pillet, marchand, « fermier judiciaire des fruits et revenu du jeu de paume », moyennant partage égal des recettes journalières. Le bailleur se réservait le jardin, la boutique et le cellier qui en dépendaient, mais s'engageait à n'y tenir ni jeu de rampeau ni jeu de quilles sans le consentement du preneur. Guerry s'engageait à entretenir le jeu de paume de raquettes et choses requises, et achetait à Pillet 6 douzaines de balles à 3 sols la douzaine, 2 douzaines à 5 sols et 5 raquettes, le tout pour 52 sols.

La *Perdrix*, dont l'existence rue de la Tranchée est constatée dès

(1) Bricauld de Verneul, *Molière à Poitiers, en 1648*, p. 45-49.

1560, appartenait le 10 août 1577 à Gilles Sabourin, sergent royal. Sur l'acte qui nous donne ce détail, je relève le nom de Guillaume Mercier, dit Bourrin, maître des œuvres de maçonnerie de la ville de Poitiers, qui pourrait bien être le fondateur du jeu de paume de *Bourrin*, rue Saint-Cybard.

Le jeu de paume « sis à Tranche pied, paroisse Saint-Didier. » paraît le même que l'établissement appelé le *Casse-tête*, rue des Basses-Treille. Il appartenait de 1573 à 1577 à Pierre Vidard, conseiller au présidial, et en 1600 à Charles Vidard, conseiller et juge magistrat. Les tenanciers furent Antoine Byet (1573), qui céda son bail le 13 septembre 1574 à Guillaume Polly, bientôt remplacé par Etienne Baudet et René Ayron (1579). Ces derniers firent édifier un jeu de paume neuf tout à côté en septembre 1581, et abandonnèrent le Casse-tête qui demandait sans cesse des réparations.

Les *Quatres-vents*, démolis en 1656, existaient dès le 3 juin 1575. Le tripotier était alors Colas Billaut ; en 1576 René Ayron lui avait succédé.

Le jeu de paume de *Labbé*, paroisse de Saint-Suplicien, à gauche dans la rue tendant de Sainte-Radegonde à la porte Saint-Cyprien, et à l'angle de la ruelle de la Caille, avait pour fermier Claude Masson, qui céda son bail de 1579 à 1581, à Pierre Follope.

Le *Grand jeu de paume*, faubourg de Pont-Joubert, dont l'existence était constatée en 1643, remonte au moins à 1580. Il appartenait alors à sire Joseph Percheteau.

Les *Trois miroirs*, faubourg Rochereuil, avaient pour tenancier en 1588 Jean Catin, sans doute de la famille du paumier châtelleraudais du même nom. Le 14 septembre 1588 ce paumier consent un abonnement d'un an à deux religieux de l'abbaye voisine de Saint-Cyprien, Oustril Froment et Laurent de la Court moyennant douze septiers de froment, mesure de Poitiers, payable par moitié à la Toussaint et à la Saint-Jean. Les clauses du contrat sont curieuses. Les religieux pourront jouer chaque jour jusqu'à cinq parties, mais l'un contre l'autre et sans discontinuation. Ils pourront venir à leur choix le matin ou le soir, mais, si d'autres personnes sont en train de jouer, ils ne pourront interrompre la partie. Ils

seront libres, en outre, de « trispoter et prelauder sans partie avec autres personnes que bon leur semblera », tant qu'il leur plaira et à telle heure qu'ils voudront. Pour les cinq parties réglementaires, le paumier fournira raquettes et balles gratuitement, mais si les abonnés quittent le jeu sans les avoir terminées, ils ne pourront les reprendre le même jour sans payer les balles perdues. Ils paieront également les balles s'ils les achèvent le lendemain avant de commencer les cinq parties qui leur sont dues. Toujours aux mêmes conditions, les religieux seront libres de jouer avec des étrangers. Ils hypothèquent le temporel de leurs offices et bénéfices pour ce singulier marché.

Les *Bons Enfants*, paroisse Saint-Jean de Montierneuf, avaient pour tenancier, en 1581, François Maglocho, époux de Marie Mourche.

Le *Grand Blaise*, ou *grand jeu de paume de la Celle* était situé, devant le collège de Montanary. Il appartenait à Simon Guerry, sergent royal en 1695 et 1597, et à sa fille mariée en 1600. Claude Masson, le fermier principal, qui avait déjà le jeu de paume de l'*Oison*, le sous-louait par moitié à Jean Gillet, paumier de Parthenay et à François Harbouin : les toiles, filets, poulies, cordes et les ais servant de fonçures aux galeries étaient la propriété de Masson. En 1600, Jean Gillet avait pour remplaçant par Isaac Billonneau.

Enfin, le jeu de paume de l'*Oison*, « rue tendant du dit jeu à l'église Notre-Dame la Grande », touchait l'auberge de Saint-Martial, et avait pour tenancier en 1597 Claude Masson (1), déjà locataire du jeu de paume de *Labbé* et du *Grand Blaise*. Thadée Elie, qui exploita plus tard l'établissement, était père de l'apothicaire Hilaire Elie. Un jeune et noble client épousa, malgré sa famille, la fille de cet apothicaire élevée au jeu de paume, chez ses grands parents.

D'autres noms de paumiers poitevins figurent sur les actes notariés qui m'ont fourni les documents précédents, sans que je sache à quels jeux de paume les rapporter, tels Jean Gillet, empri-

(1) Le 21 janvier 1698 Claude Masson achète à N. Germenelle, veuve de Cybard Nau, paroisse Sainte-Triaise, « toute la corde de raquette, tant de travers que montants, qu'elle recueillera de ce jour en un an, à 7 livres 10 sols la grosse.»

sonné à Poitiers en 1566 à la requête d'un boulanger de Blois, Raymond Gillet (1567-1570), Jean de Sèvre (1567), Hilaire Gobin (1570), Jacques Plâtrier (1570), René Bruère (1577), Jean Levesque (1596), Étienne Moreau (1643).

La profession n'était pas sans profit, malgré le prix relativement élevé des locations : — 46 écus sols par an pour la moitié de l'*Oison* en 1597; 30 livres par trimestre pour le *Casse-tête*, en 1574; 20 écus par an pour la moitié du *Grand Blaise*, en 1595. — Il n'est pas rare de voir des paumiers se rendre adjudicataires de fermes : René Bruère était fermier des revenus de la Petite Prévôté de Poitiers en 1577, Pierre Foloppe des grandes dîmes de Naintré en 1581.

L'apprentissage durait cinq ans, et était gratuit. Cependant Claude Masson, fils de maître, en entrant en apprentissage chez Guillaume Polly, paie « une douzaine et demie de peaux blanches et un cent d'esteufs » (5 octobre 1574). Il est vrai que l'engagement n'est que de trois ans. Le 21 février 1585 Claude Masson, à son tour, prend comme apprenti en sa maison Jean Giret, fils de Bonaventure et d'Anne Vandegore, pour une période de cinq ans à commencer à la Notre-Dame de mars suivante. Il s'engage à lui apprendre « à son mieulx le mestier de paulmyer, le nourryr, coucher, clerer et entretenir de tous habillemens », moyennant quoi le jeune Jean Giret devra lui obéir, faire son possible pour apprendre son état, « rester fidelle aprentif et pourchasser le bien et proffiot de son maistre ». L'apprentissage est gratuit.

A la fin du XVII° siècle, il n'y avait que cinq maîtres paumiers à Poitiers. Le 27 avril 1698 ils se réunirent pour aviser aux moyens de se constituer en maîtrise. Il leur fallait emprunter 645 livres, remboursables en cinq ans, et chacun d'eux s'obligeait pour sa part. Ils devaient garder seuls à Poitiers le droit d'avoir un billard. Si un étranger se présentait pour entrer dans la communauté, il devait payer 200 livres, mais les fils de maître n'auraient donné que 30 livres et ceux qui auraient fait leur apprentissage à Poitiers 100 livres. Enfin les apprentis devaient payer 10 livres d'inscription et toutes ses sommes couvrir l'emprunt de 645 livres, le surplus devant être partagé entre les maîtres. La société ne fut pas

fondée, comme bien d'autres à cette époque. Les paumiers reculèrent devant les exigences du fisc.

Je n'ai pas trouvé de nouveaux jeux de paume à Niort, mais j'ai quelques documents à ajouter à ceux dont l'existence est déjà connue. Le jeu de paume de *Bretignole*, ainsi nommé du fief de la Cour d'Augé ou de Bretignole qui avait son siège tout à côté, appartenait en 1611 par moitié à André Bidault, pair et procureur de la commune, et à Pierre Pignon, paumier à Brouage. Il était en assez mauvais état et nécessitait des réparations importantes. Le 19 octobre 1612, le tenancier Bertrand Poisset demandait une diminution de son prix de ferme pendant le temps de la réfection du jeu de bille dépendant de l'établissement (1).

Le *Grand jeu de paume* ou jeu de paume du *Mourier* existait avant 1610. A cette date Pierre Gascougnolles, son propriétaire, alla demeurer à Fontenay-le-Comte et loua l'établissement à François Nouel pour 360 livres. De retour à Niort, il changea ce bail en une ferme à moitié prix qui se termina le 5 décembre 1612 (2). J'ai trouvé un contrat d'apprentissage passé par ce maître paumier. Le 23 octobre 1614, il prend pour apprenti Daniel Herboullier, âgé de treize ans, fils d'un sergetier de Niort, « et promet luy monstrer au mieulx de son pouvoir ledit mestier de paumier et oultre le nourrir et loger en sa maison pendant le cours de quatre années consécutives. » Herboullier « sera tenu de servir et obéir comme apprentifs sont tenus à maîtres, sans se pouvoir absanter, divertir, ni desbaucher à paynes de tous despens, domages et interetz. » Gascougnolles promet « d'entretenir d'acoutrements ledict apprentif moyennant que les praticques dudict apprentif appartiendront audict Gascougnolle (3) ».

En 1622, Gascougnolles avait loué l'établissement à Charles Rondeleux. Il était mort en 1643 et sa veuve se remariait à Pierre Charlet. Ils n'eurent pas d'enfants mâles et leur fille Madeleine épousa Pierre Bourdin, déjà veuf de Marie Dugué. Elle était morte en 1719 et

(1) Minutes Sabourin. *Arch. départ. des Deux-Sèvres.*
(2) Minutes Sabourin.
(3) Minutes Sabourin.

Bourdin se remariait une troisième fois avec Madeleine Bourgleau (1).

Quant aux noms isolés que j'ai pu relever sur les actes d'état-civil, ils sont peu nombreux. J'ai seulement à citer Jean Morin, époux de Marie Auroux (1613-1617) et Pierre Doriou.

D'autres localités ont révélé l'existence de nouveaux jeux de paume.

A Bressuire, en 1585, Guy Guillebault est propriétaire d'un jeu de paume au faubourg Saint-Jacques ; en 1622 François Bernard, hôte de la *Tête noire*, possède un jeu de « paulmeton ou chauffepied (2) ».

A Châtellerault, le jeu de la petite paume était situé dans l'enclos de l'hôtel de Saint-André, rue de ce nom, dont le possesseur, André Dupuy, sieur de Sossay, fit les frais de construction en 1598 (3).

A Chauvigny on avait fait usage du fossé du château baronnial pour établir un jeu de paume. Il s'étendait au pied de la façade septentrionale, et au niveau de la cour inférieure. On y entrait par une porte placée au bas du grand escalier au couchant (4).

A Croutelles, Jean Pouzineau, hôte du *Dauphin*, possédait un jeu de paume qu'il afferma le 14 juin 1567 à Claude Platier, paumier de Poitiers.

A Fontenay-le-Comte, Pierre Gascougnolles, paumier de Niort, chercha sans succès à faire un établissement en 1610. En 1692 et 1703, un autre Niortais, Alexandre Brisset, époux d'Anne Charlet, fille du tripotier du *Mourier*, semble avoir été plus heureux (5).

A Lusignan, le jeu de paume du château n'était pas couvert. « Droit à la tête du château, tirant vers l'orient, y avait un jeu de paulme qui n'étoit pas couvert », dit l'auteur du *Discours des choses avenues durant le siège de Lusignan* (1575).

Au château de la Motte-Saint-Héray, le jeu de paume se trouvait dans le jardin, ainsi que la galerie, l'orangerie, la volière (1663) (6).

Au château de Richelieu, le jeu de courte paume était à côté du

(1) *Archives départementales des Deux-Sèvres*, B. 2 et 4.
(2) *Archives départementales des Deux-Sèvres*, E. 1319. Communication de M. A. Dupond.
(3) Inventaire des Archives communales de Châtellerault, p. 32.
(4) *Bulletin de la Société des Antiquaires de l'Ouest*, 1839, p. 101.
(5) *Archives départementales des Deux-Sèvres*, B. 2 et Minutes Grugnet.
(6) Bail de la terre de la Motte, 3 déc. 1663. Com. par M. le D' Prouhet.

mail, près de la porte de l'anti-cour. Il avait été construit en 1665 par ordre du duc de Richelieu. C'était, au dire de Viguier, « un des plus beaux du royaume ».

A Thouars, les la Tremouille avaient un jeu de paume dans leur château, qui fut réparé en 1534, mais le *Grand jeu de paume*, ouvert au public, près du Clos-Ménard, existait dès le XVIᵉ siècle. Le tripotier Nicolas Testard, anciennement à Niort, employait des musiciens et le 29 décembre 1574 il s'obligeait pour 10 sols envers Gilles des Touches « joueur d'instruments de Poitiers ».

Enfin à la Villedieu de Comblé on trouve un tripot dès le XVIᵉ siècle, « sur le chemin ou rue tendant de la Villedieu à la Péchoire (1) ».

J'arrête ici cette liste des jeux de paume. Elle pourrait s'augmenter indéfiniment, car chaque localité du Poitou un peu importante avait certainement le sien.

Malheureusement je n'ai trouvé trace de représentations théâtrales que pour un seul de ces établissements le jeu de paume du *Mourier* à Niort, que les Oratoriens employaient parfois pour faire jouer leurs élèves, mais qui servait aussi aux comédiens de passage, comme on le verra par le très curieux procès-verbal découvert par M. Léo Desaivre (2).

« Aujourd'huy troisiesme aoust mil sept cent trente trois, sur les huict heures du soir, nous Jacques Estienne Rouger, conseiller du Roy, lieutenant general de police de la senéchaussée de Poictou au siege royal et ressort de cette ville de Nyort.

« Nous sommes transportés au *Jeu de paume* de cette ville en vertu de la requeste à nous présentée par François Pollony, comédien françois, estant informé que certains quidam mal intentionnés vouloient troubler l'ordre du spectacle, où estant seroit entré le nommé Thibaud des Forges en fesant beaucoup de bruit. Le (*sic*) sentinelle, qui estoit à la porte du jeu de paume, luy auroit dit de se taire, ce qu'il n'a voulu faire, et continua en disant : *que l'on com-*

(1) Bail du moulin à foulon de la Péchoire, 23 mars 1575. Comm. par M. le Dʳ Proubet.

(2) *Archives des Deux-Sèvres*, B. 21. Registre des audiences de police 14 avril 1733.

mence ou que l'on m'apporte mon bonnet ou ma chemise de nuit, et
frappant sur le toit du jeu de paume et nous ayant apperceu sur le
théâtre, il se mit à crier : *Bas la pollice*, ce qui nous auroit obligé de
nous lever et dire à tout le parterre : *Messieurs, moins de bruit, s'il
vous plaît, un peu plus de respect pour les dames*. Dans ce moment
le dit Thibaud prit la parolle en se mocquant : *Ah ! c'est le lieutenant de pollice qui parle, c'en est pas grande chose, et vous n'avez
rien à me dire*, nous lui aurions répliqué que nous n'étions icy précisément que pour y maintenir le bon ordre, ce qui lui donna encore occasion de nous dire qu'il ne s'embarassoit ny de la pollice,
ny de ses ordonnances, et dans le même moment Monsieur De la
Marre, commandant pour le roy dans la ville et chasteau, se leva, et
luy dit de vouloir bien faire silence. Il n'eut pas plus d'égard à la
remontrance de Monsieur De la Marre que de la hôtre, en nous disant : *Je ne connois pas La Marre, ny le lieutenant de pollice, je me
fourche* (sic) *d'eux*. Voyant où ce jeune homme portoit son insolence, nous luy dîmes de se rettirer, ce qu'il ne voulut faire : dans
le même moment nous appelâmes la garde pour le faire sortir de
l'assemblée, il ne voulut pas plus obéir à la garde qu'à nous. Monsieur De la Marre, voyant jusqu'où il portoit son insolence, fut contrainct luy même d'aller chercher des soldats. Il se crut obligé de
nous dire : *Viens à quatre pas, lieutenant de pollice* (en nous levant
(sic) avec la cane et nous fesant plusieurs menaces) *je vois bien que
La Marre va chercher des soldats et moy je feray prendre les armes
aux habittants*, et sortit.

« Ce qui fait [que] pour nous mettre en règle et satisfaire au devoir
de notre charge, nous avons dressé le présent procès-verbal pour
valloir ce servir ce que de raison. »

www.ingramcontent.com/pod-product-compliance
Ingram Content Group UK Ltd.
Pitfield, Milton Keynes, MK11 3LW, UK
UKHW021643130726
13696UKWH00005B/2387